Contents
차례

COVER STORY — 02
빛의 마법, 매직터널
신기한 빛의 마법, 매직터널을 만들어보자

STUDY — 10
거울로 세상을 본다는 것은?
빛의 반사와 매직터널의 원리

CULTURE — 26
거울에 마법의 힘이?!
역사와 문화 속의 신기한 마술 거울

HISTORY — 40
호롱불에서 LED까지
조명 장치의 역사

MANUAL — 62
매직터널 조립법 및 사용법

QUIZ TIME — 69
읽고 대답해봐요

메이커스 주니어: 07 매직터널 메이커스 주니어는 동아시아출판사의 브랜드 '동아시아사이언스'의 어린이·청소년 과학 키트 무크지입니다.

펴낸날 2025년 6월 18일 **펴낸곳** 동아시아사이언스 **펴낸이** 한성봉
편집 메이커스주니어 편집팀 **콘텐츠제작** 안상준 **디자인** 최세정
마케팅 박신용 오주형 박민지 이예지 **경영지원** 국지연 송인경
등록 2020년 4월 9일 서울중 바00222 **주소** 서울특별시 중구 필동로8길 73 동아시아빌딩

만든 사람들
책임편집 이동현
표지·본문 디자인 김선형

www.makersmagazine.net
cafe.naver.com/makersmagazine
www.facebook.com/dongasiabooks
makersmagazine@naver.com

이 책의 기사의 저작권은 동아시아사이언스에 있습니다. 저작권법에 의해 한국 내에서 보호를 받는 저작물이므로 무단 복제 및 전재, 번역을 금합니다.

COVER STORY

빛의 마법,

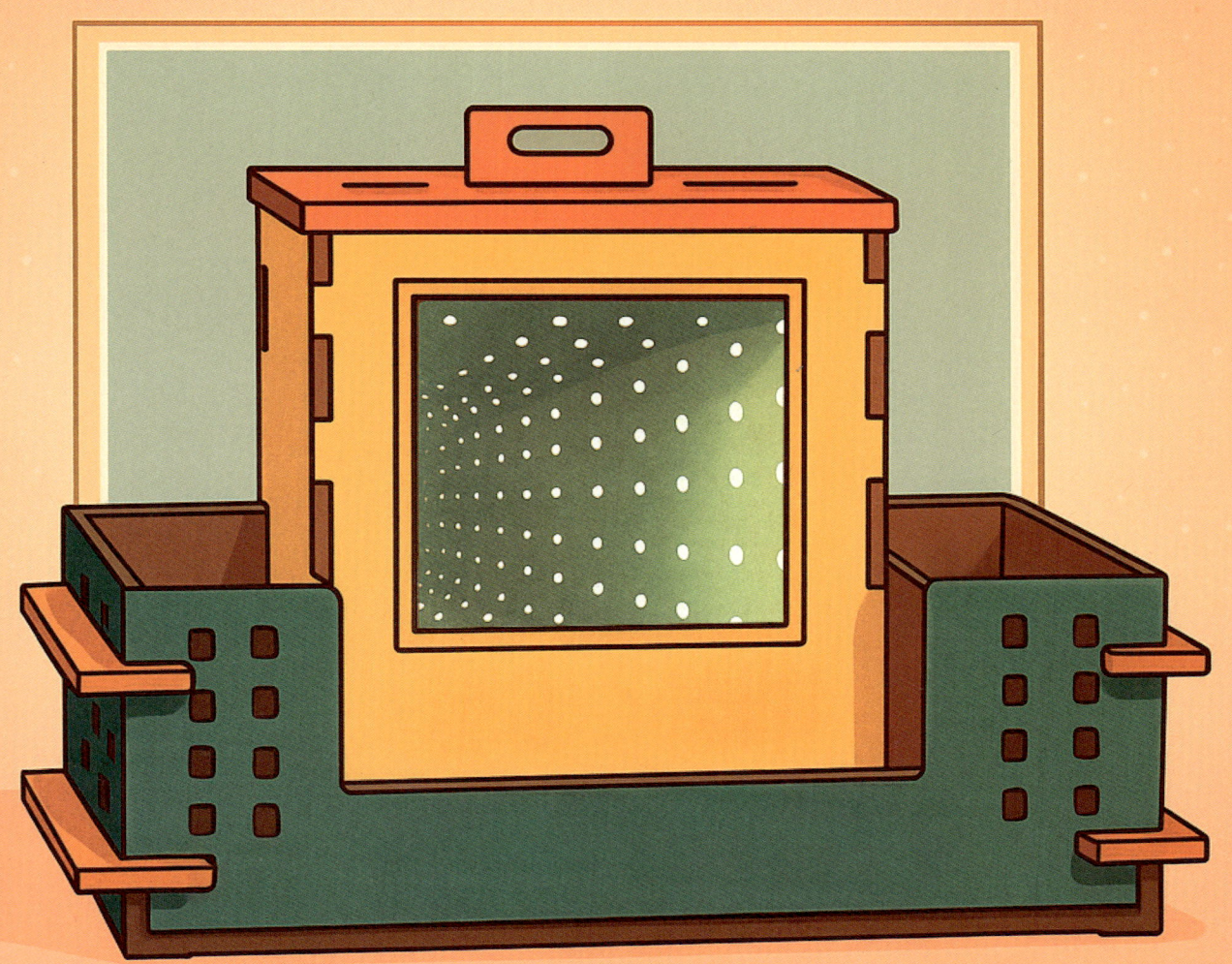

매직터널

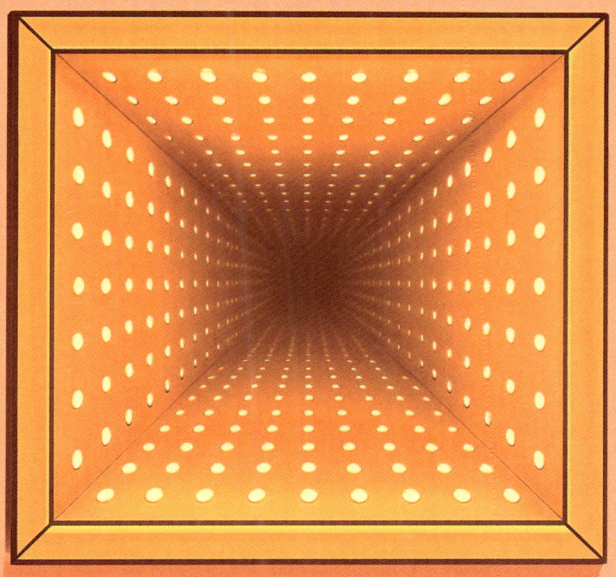

신기한 빛의 마법, 매직터널을 만들어보자

매직터널은 빛의 반사 원리를 이용한 신기한 장치이다. 불을 끄면 거울이 되고, 불을 켜면 신기한 매직터널이 된다. 공간을 뚫고 끝없이 이어지는 듯한 모습을 보여주는 매직터널. 매직터널을 만들면서 거울이 어떻게 빛을 반사하고, 이런 원리가 어떻게 착시를 만드는지 함께 살펴보자.

글: 메이커스주니어 편집팀

매직터널을 소개합니다!

　매직터널은 정말 신기한 물건이에요. 전원을 켜면 끝이 없는 것 같은 터널이 보입니다. 마치 뒤쪽 공간이 무한히 뚫려 있는 것처럼 착각을 불러일으켜요.

　매직터널은 신기한 장난감일 뿐만 아니라, 멋진 조명 장치로도 활용할 수 있어요. 전원을 켜면 LED 조명이 아름다운 색과 다양한 형태로 빛을 내며 방 안을 환하게 밝혀줍니다. 이런 예쁜 조명 덕분에 방 안의 분위기가 더욱 따뜻하고 아늑해져요.

　하지만 전원을 끄면 터널은 순식간에 사라지고, 또 다른 모습으로 변신해요. 전원이 꺼진 매직터널은 우리의 모습을 비추어주어 거울로 사용할 수도 있어요. 이렇게 하나의 장치가 두 가지 역할을 할 수 있다니, 정말 놀랍지 않나요?

　매직터널은 실용성과 아름다움을 동시에 제공하는 아주 특별한 아이템이에요. 거울처럼 사용할 수도 있고, 멋진 조명으로 분위기를 바꿀 수도 있지요. 그래서 인테리어 소품으로도, 실용적인 생활용품으로도 아주 유용하답니다.

　이처럼 매직터널은 우리 생활 속에서 여러 가지로 활용할 수 있는 재미있고 유익한 장치예요. 방을 더욱 멋지고 따뜻하게 만들고 싶다면, 매직터널을 한번 사용해보는 건 어떨까요?

알고 보면 간단한 매직터널의 원리

매직터널은 거울의 신기한 착시 현상을 이용해요. 거울로 어떻게 끝없는 공간이 있는 것처럼 만들 수 있을까요? 아래 사진을 보세요. 거울 두 개를 서로 평행하게 마주 보도록 배치하고, 그 사이에 들어가 보면 마치 공간이 끝없이 계속되는 것처럼 보이죠. 한쪽 거울에 비친 상이 반대쪽 거울에 다시 비치고, 그 상이 또 반사되고… 이렇게 계속된 모습이 우리 눈에 들어오면 마치 끝없는 공간이 있는 것처럼 보이게 됩니다. 그리고 그 사이에 있는 자신의 모습도 무한히 많이 볼 수 있어요!

매직터널도 이와 같은 원리를 이용합니다. 하지만 두 거울 중 하나는 일반 거울이고, 다른 하나는 빛을 일부만 반사하는 반투명한 판으로 되어 있어요. 두 거울 사이에 LED가 들어 있습니다. LED 불을 켜면, LED에서 나온 빛은 반투명 거울을 통해 일부가 밖으로 나가 우리 눈에 보이고 나머지는 뒤쪽의 일반 거울로 반사돼요. 그리고 일반 거울에서 다시 반투명 거울로 반사되면서 같은 과정이 계속 반복돼요. 그래서 무한히 계속되는 터널처럼 보입니다.

LED 불을 끄면 어떻게 될까요? 두 거울 사이 공간은 어둡기 때문에, 반투명 거울 안쪽에서 우리 눈으로 들어오는 빛이 없습니다. 결국 우리 눈에 보이는 것은 반투명 거울에 비친 모습 뿐이죠. 이렇게 LED를 끄면 거울처럼 사용할 수 있답니다. 자세한 원리는 20~23쪽을 보세요!

무한히 반사되는 재미있는 거울

매직터널의 원리를 이용하면 멋진 조명이나 장식품을 만들 수 있어요. 전원을 켜면 LED 조명이 아름다운 색과 다양한 형태로 빛을 내며 방 안을 환하게 밝혀줍니다. 놀이공원, 공연장, 인테리어 등에서도 이 효과를 많이 사용한답니다!

매직터널과 비슷한 원리를 이용한 장난감으로는 '만화경'이 있어요. 만화경은 작은 튜브 안에 여러 개의 거울과 색색의 조각들을 넣어 만든 장난감이에요. 만화경을 들여다보면 거울이 빛을 여러 번 반사해 아름다운 대칭 무늬를 만들어줍니다. 만화경의 원리는 매직터널과 마찬가지로 빛의 반사 작용을 이용한 것이지요. 여러 번 빛이 반사되면서 마치 끝없는 공간에 규칙적인 무늬가 펼쳐져 있는 것처럼 보입니다.

그 외에도 거울을 이용한 다양한 장난감들이 있어요. 예를 들면, 정해진 방향으로만 볼 수 있도록 만든 마술 거울, 재미있는 착시 효과를 내는 곡면 거울 등이 있답니다.

거울이 상을 반사하는 원리를 자세히 알아보고, 거울이 만들어내는 신기한 현상들을 살펴봅시다(14~23쪽). 또한, LED 조명이 어떻게 빛을 내는지도 함께 알아보아요(56~61쪽).

STUDY

거울로 세상을

──── 본다는 것은?

빛의 반사와 매직터널의 원리

우리는 매일 아침 거울을 본다. 그리고 하루 종일 주변의 수많은 사물을 눈으로 본다. 과연 '본다'는 것은 무엇일까? 거울로 자신의 모습을 비추어 볼 수 있는 이유는 무엇일까? 거울의 원리를 알아보고, 신기한 매직터널의 원리에 대해서도 좀 더 자세히 알아보자.

▲ 엘렌 에밋 랜드(Ellen Emmet Rand), 〈거울 앞의 여인〉, 1925. 그림 속의 인물은 거울에 비친 자기 자신을 바라보고 있다. 스스로가 어떤 사람인지 생각하고 있는 듯하다.

'본다'는 것은 무엇일까?

우리는 매일 많은 것들을 보고 있습니다. 책을 읽을 때 글자를 보고, 친구를 만나면 얼굴을 봅니다. '본다'는 것은 무엇일까요? 눈은 빛을 감지할 수 있는 기관이에요. 무언가를 본다는 것은 빛이 눈에 들어오는 것입니다. 물체에 빛이 닿으면 그 빛이 반사되어 우리 눈으로 들어옵니다. 그러면 우리는 물체의 모습을 볼 수 있지요. 빨간 사과를 본다면 햇빛이나 전등의 빛이 사과에 닿고, 여기서 빨간색 빛이 반사되어 우리 눈에 들어오는 것입니다.

그렇다면 거울 속의 내 모습은 어떻게 보이는 걸까요? 거울은 표면이 아주 매끈해서, 거울에 닿는 모든 빛을 그대로 반사합니다. 우리가 거울을 보면, 우리 몸에서 반사된 빛이 거울에 닿습니다. 이 빛이 거울에서 다시 우리 눈으로 돌아오면 거울 속의 내 모습을 볼 수 있지요.

거울이 없어도 우리는 자기 모습을 직접 볼 수 있을까요? 잔잔한 물웅덩이나 깨끗한 유리창 같은 곳에서도 내 모습을 볼 수 있죠. 하지만 거울만큼 모든 빛을 그대로 반사해주지는 못하기 때문에 거울처럼 선명하게 볼 수는 없습니다.

이처럼 무언가를 볼 수 있는 것은 빛 덕분입니다. 빛이 없다면 아무것도 보이지 않겠지요. 그래서 밤에는 불을 켜야 주변을 볼 수 있는 것입니다. 다음에 거울을 볼 때는, 빛이 반사되어 내 모습을 보여준다는 것을 한 번 더 떠올려보면 재미있을 거예요!

반사법칙, 정반사, 난반사, 전반사

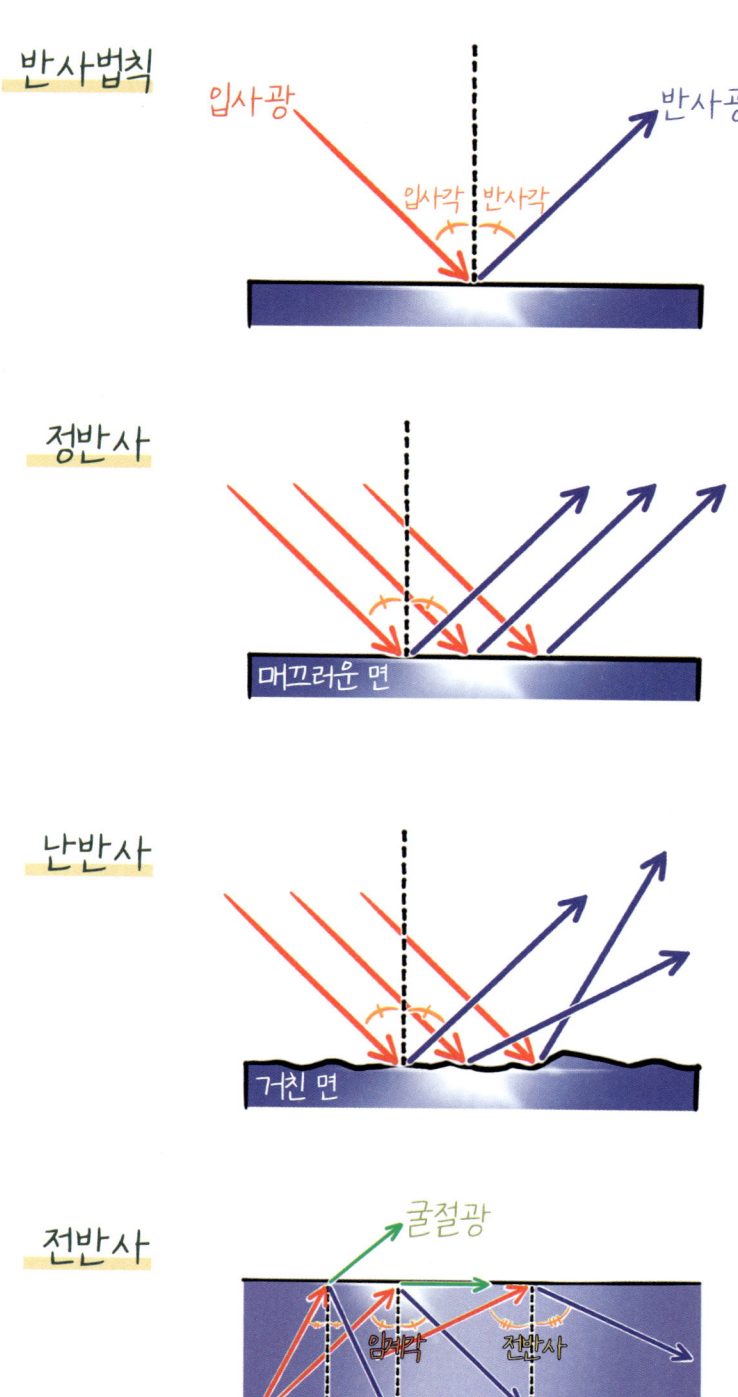

우리는 거울을 보거나 물웅덩이에 비친 풍경을 보면서 '빛이 반사된다'는 것을 알 수 있어요. 그런데 빛이 반사되는 방식에도 여러 가지 법칙이 있답니다.

빛은 어떤 물체에 부딪히면 반사됩니다. 이때 '반사법칙'이라는 규칙을 따르지요. 반사법칙이란 빛이 들어오는 각도(입사각)와 반사되는 각도(반사각)가 같다는 것이에요. 예를 들어 빛이 30도 각도로 거울에 들어오면, 거울에서 반사되어 나갈 때도 30도로 반사된답니다.

하지만 모든 곳에서 거울처럼 깨끗한 반사가 일어나는 것은 아니에요. 빛이 반사되는 방법에는 '정반사'와 '난반사'가 있답니다. 정반사란 매끈한 표면에서 빛이 일정한 방향으로 반사되는 것을 말해요. 예를 들어, 거울이나 물이 고요한 호수 표면에서는 빛이 한 방향으로 반사되어 우리의 모습이 선명하게 보이지요. 난반사란, 표면이 울퉁불퉁한 곳에서는 빛이 여러 방향으로 흩어지면서 반사되는 것이에요. 종이나 벽처럼 거친 표면에서 일어나는 반사이지요. 그래서 우리는 책이나 칠판을 보면서도 눈이 부시지 않고, 사물의 모습을 볼 수 있는 거예요.

'전반사'라는 것도 있어요. 빛이 한 물질 속을 지나가다가 다른 물질로 갈 때는 경로가 꺾여서 굴절되는데, 어떤 각도 이상에서는 빛이 완전히 반사되어 나가지 않고 안쪽으로 되돌아오는 현상이 생겨요. 이것을 전반사라고 한답니다. 전반사는 어디에서 볼 수 있을까요? 바로 잠수할 때 물속에서 위를 보면, 수면이 거울처럼 보이는 현상이 전반사예요. 또, 우리가 사용하는 광케이블도 전반사 원리를 이용해서 빛을 빠르게 전달하는 장치랍니다.

거울 속 세상은 좌우가 반대?

▲ 구급차의 옆면에는 글씨가 똑바로 쓰여 있지만,
앞면에는 거울로 봤을 때 똑바로 볼 수 있도록 좌우가 반대로 쓰여 있어요.

　여러분은 거울을 볼 때마다 신기한 경험을 하고 있을 거예요. 손을 흔들면 거울 속의 내가 똑같이 손을 흔들지요. 그런데 한 가지 이상한 점이 있습니다. 바로 거울 속 모습이 좌우가 바뀌어 보인다는 것이지요! 예를 들어, 오른손을 들었는데 거울 속의 나는 왼손을 든 것처럼 보입니다.

　거울 속 내 모습은 왜 좌우가 바뀔까요? 사실 거울은 좌우를 바꿔주는 것이 아닙니다. 거울은 단순히 빛을 반사할 뿐이지요. 우리가 거울을 볼 때는 마치 거울 속으로 들어가 뒤돌아본 것처럼 보이기 때문에 좌우가 바뀐 것처럼 느껴지는 것입니다.

　구급차 앞면에는 글씨의 좌우를 반대로 써놓은 경우가 있어요. 앞차가 구급차를 빠르게 알아보고 비켜줄 수 있도록하기 위해서 이렇게 써놓았대요. 앞차가 거울을 통해 뒤따라오는 구급차를 볼 때는 글씨가 똑바로 보이니까 조금이라도 더 빠르게 알아볼 수 있겠죠?

　그렇다면 좌우가 바뀌지 않고 똑바로 보이게 할 수는 없을까요? 방법이 있습니다! 거울 두 개를 90도 각도로 세워서 맞대어 보면 됩니다. 이렇게 하면 거울 속의 모습이 원래대로 보이게 됩니다.

　이처럼 거울은 우리 눈에 보이는 모습을 색다르게 바꿔주는 재미있는 도구입니다. 다음에 거울을 볼 때는 '내 모습이 왜 이렇게 보일까?' 하고 한 번 더 생각해보면 재미있을 거예요!

마법처럼 변하는 거울

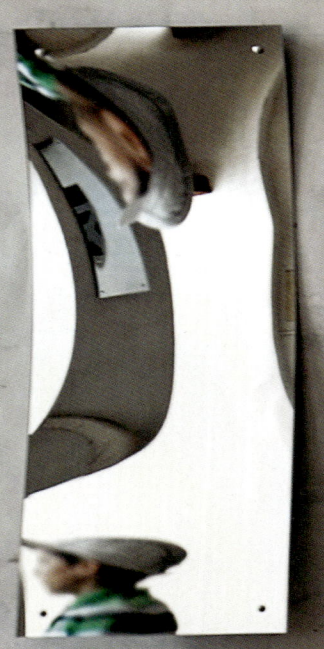

　여러분은 거울을 볼 때마다 똑같은 모습을 보나요? 사실 거울의 모양이 다르면 보이는 모습도 달라진답니다. 오목거울과 볼록거울을 이용하면 우리 모습이 마법처럼 변하는 것처럼 보이지요.

　오목거울은 가운데가 들어간 거울입니다. 이 거울을 가까이서 보면 얼굴이 커져 보이고, 멀리서 보면 거꾸로 보일 수도 있어요. 이런 성질을 이용해 자동차의 헤드라이트나 화장 거울을 만들기도 합니다.

　반대로 볼록거울은 가운데가 볼록하게 튀어나온 거울입니다. 이 거울을 보면 모습이 작게 보이고 넓은 범위를 볼 수 있어요. 그래서 도로에 있는 반사

경이나 편의점의 천장 거울처럼 주위를 넓게 볼 수 있어야 하는 곳에 사용되지요.

  이런 성질을 이용해 '마법 거울'을 만들 수도 있어요. 여러 가지 모양의 거울을 배치하면 키가 길어지거나 짧아지는 것처럼 보이고, 얼굴이 둥글게 변하기도 합니다. 놀이공원이나 과학관에서 이런 마법 거울을 본 적이 있나요?

  거울은 단순히 모습을 비추는 것뿐만 아니라, 신기한 현상을 만들어내는 재미있는 도구랍니다. 다음에 오목거울과 볼록거울을 만나게 되면 어떤 모습으로 변하는지 직접 확인해보세요!

빛의 마법, 매직미러

▲ 외벽이 유리로 된 건물 안쪽이 바깥보다 어둡기 때문에 마치 거울처럼 주변이 비칠 뿐 건물 내부가 보이지 않는다.

매직터널은 신기한 거울로 변신합니다. 전원을 끄면 보통 거울처럼 내 모습이 비치지만, 전원을 켜면 거울처럼 보이지 않고 반대쪽이 보이게 됩니다. 마치 마법처럼 변하는 거울이지요!

사실 여러분도 이와 비슷한 경험을 한 적이 있을 거예요. 어두운 밤, 방 안의 불을 켜고 창문을 보면 바깥이 잘 보이지 않고 창문에 비친 내 모습만 보이지요. 반대로 낮에는 창문을 통해 바깥 풍경이 잘 보이지만, 창문에 내 모습이 거의 비치지 않습니다. 왜 그럴까요?

그 이유는 '빛' 때문입니다. 밝은 곳에서는 빛이 강하게 반사되지만, 어두운 곳에서는 반사되는 빛이 적기 때문이지요. 밤에 방 안이 밝으면 창문이 마치 거울처럼 보이고, 낮에는 바깥이 더 밝아서 유리창이 투명해 보이는 것입니다.

건물에서도 이런 현상을 발견할 수 있어요. 요즘은 건물 외벽을 유리로 만든 건물들이 많죠. '건물 안쪽이 훤히 들여다보이지는 않을까?' 하는 생각이 들지만, 환한 낮에는 그렇지 않습니다. 건물 안이 좀 더 어둡기 때문에, 건물 바깥에서는 거울처럼 바깥 풍경이 비칠 뿐 안이 들여다보이지 않죠. 반대로 어두운 밤에 건물 안쪽에서 불을 켜면 건물 안이 들여다보이지요.

이 원리를 이용하면 '매직미러'도 만들 수 있습니다. 경찰 드라마에서 자주 나오는 '한쪽에서만 거울처럼 보이는 유리'가 바로 그것이지요. 빛의 차이를 이용한 신기한 마법, 여러분도 직접 확인해보면 재미있을 거예요!

끝없이 이어지는 매직터널의 비밀

 매직터널의 불을 켜면, 거울 속 세상이 마치 무한히 이어지는 터널처럼 보입니다. 신기하지요? 그 이유를 알기 위해 먼저 거울 두 장을 평행하게 놓으면 어떻게 보이는지 생각해봅시다.

 여러분은 거울을 이용해 자신의 뒤통수를 본 적이 있나요? 보통 거울 하나만으로는 자신의 얼굴만 보일 뿐, 뒤통수를 볼 수는 없습니다. 왜냐하면 빛이 거울에서 한 번 반사되어 바로 우리 눈으로 들어오기 때문이지요.

 하지만 거울 두 개를 서로 마주 보도록 놓으면 어떻게 될까요? 한 거울에서 반사된 빛이 반대편 거울로 가고, 이 빛이 다시 반사되어 되돌아옵니다. 이렇게 마주 본 두 거울 사이에서 반사가 계속 반복된 빛이 우리 눈에 들어온다면 어떻게 보일까요? 거울 속의 모습이 끝없이 이어지는 것처럼 보이게 되지요. 만약 우리가 이런 거울 사이에 서서 거울을 본다면, 내 모습이 여러 번 반사되어 마치 무한히 복제된 것처럼 보일 것입니다.

 매직터널은 이런 원리를 이용한 것입니다. 그리고 여기에, 앞에서 살펴본 '매직미러'의 효과가 더해지죠. 매직터널은 두 장의 거울 중 한 장을 반투명하게 만든 것입니다. LED 불을 켜면, 반투명한 판의 안쪽이 바깥쪽보다 밝아져요. 그래서 안에서는 거울처럼 빛을 반사하죠. 하지만 반투명한 판의 밖에서는 안쪽이 들여다보입니다. 그래서 무한히 이어지는 듯한 모습을 볼 수 있죠. 대신 LED 불을 끄면, 이번에는 안쪽이 어두우므로 밖에서도 거울처럼 보이는 것입니다.

 이제 매직터널을 볼 때마다 그 속에 숨겨진 과학의 원리를 떠올려보면 더욱 재미있겠지요?

▲ 무한히 반사되는 거울을 이용한 예술작품. 마치 무한한 우주공간에 들어온 것 같다.

피라미드 홀로그램

 이런 원리를 이용한 재미있는 장난감이 하나 더 있어요. 바로 '메이커스 주니어 01 피라미드 홀로그램'이에요! 이 장난감은 진짜 홀로그램은 아니지만, 반투명한 판으로 된 피라미드 안에 상이 둥둥 떠 있는 것처럼 보이게 만들어져요. 마치 눈앞에 유령이라도 나타난 것처럼 말이죠!

 그렇다면 이 홀로그램은 어떻게 만들어질까요? 비밀은 바로 빛의 반사에 있어요. 피라미드 모양의 투명한 판은 거울처럼 빛을 반사하면서, 아래쪽 화면에 있는 영상을 네 방향으로 반사해서 보여줍니다. 그래서 우리가 볼 때는 피라미드 속에 떠 있는 것처럼 보이는 거예요.

 이 원리는 사실 아주 오래전에 사용된 거예요. 19세기 말, 연극 무대나 초창기 영화에서는 이런 기술을 이용해 유령이 등장하는 장면을 만들기도 했어요. 마치 마법처럼 보였던 그 장면들을 이제 우리가 쉽게 체험할 수 있는 거죠!

 피라미드 홀로그램은 과학 원리를 배우면서도 재미있게 놀 수 있어요. 지금은 과학기술이 발전하면서 더 정교한 홀로그램이 만들어지고 있지만, 피라미드 홀로그램처럼 간단한 원리를 이용해도 신기한 영상을 만들 수 있답니다. 여러분도 한번 직접 만들어보고, 빛과 반사가 만드는 놀라운 착시 효과를 체험해보면 어떨까요?

CULTURE
거울에

▲ 프랑스 베르사유 궁전에 있는 '거울의 방'. 거울은 한때 부와 권력의 상징으로 쓰이기도 했다.

마법의 힘이?!

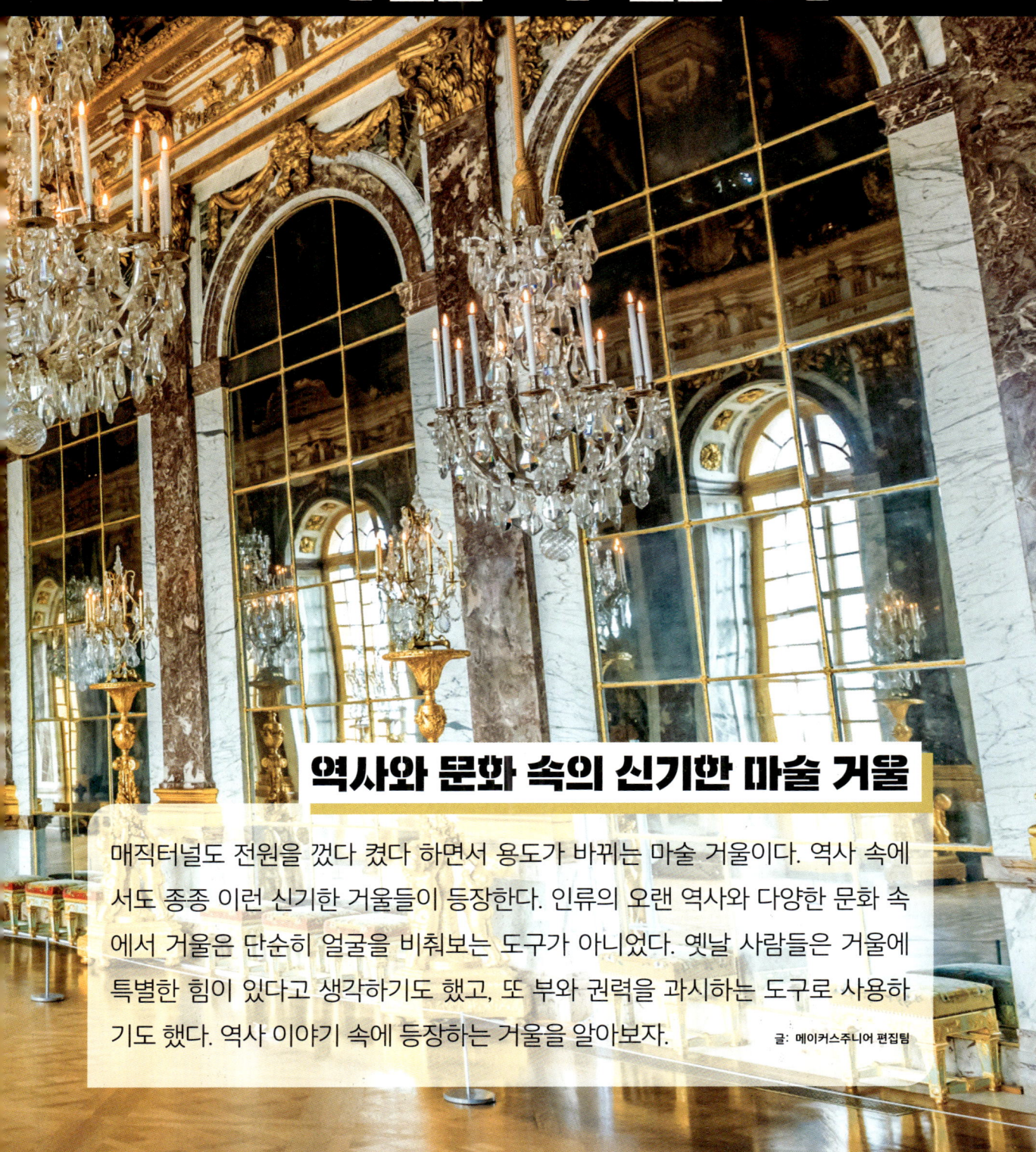

역사와 문화 속의 신기한 마술 거울

매직터널도 전원을 껐다 켰다 하면서 용도가 바뀌는 마술 거울이다. 역사 속에서도 종종 이런 신기한 거울들이 등장한다. 인류의 오랜 역사와 다양한 문화 속에서 거울은 단순히 얼굴을 비춰보는 도구가 아니었다. 옛날 사람들은 거울에 특별한 힘이 있다고 생각하기도 했고, 또 부와 권력을 과시하는 도구로 사용하기도 했다. 역사 이야기 속에 등장하는 거울을 알아보자.

글: 메이커스주니어 편집팀

신비한 거울의 이야기

옛날 사람들은 거울에 신비한 힘이 있다고 생각하곤 했어요. 신화나 동화, 전설 속에 등장하는 신비한 힘을 지닌 거울은 바로 그러한 생각의 흔적들입니다.

우리가 잘 아는 동화 『백설 공주』를 떠올려볼까요? 마녀였던 왕비에게는 진실만을 말하는 특별한 마술 거울이 있었죠. 왕비는 마술 거울에게 "거울아, 거울아, 세상에서 누가 제일 예쁘니?" 하고 묻습니다. 거울은 "백설 공주가 가장 예쁩니다" 하고 대답하죠.

다른 흥미로운 이야기도 있어요. '흡혈귀' 하면 가장 먼저 떠오르는 '드라큘라'는 그 모습이 거울에 비치지 않는다는 이야기가 있어요. 드라큘라는 소설가 브램 스토커가 서양의 흡혈귀 전설을 토대로 지은 유명한 소설 『드라큘라』에 나오는 흡혈귀입니다. 이 소설 속에서 드라큘라는 거울에 비치지 않는 것으로 나오죠.

거울과 관련된 미신도 많아요. '깨진 거울을 보면 재수가 없다', '거울이 깨지면 7년 동안 불운이 따라온다', '밤에 거울을 보면 귀신이 나타난다' 등, 여러 가지 거울에 얽힌 미신이 전해져 내려오고 있어요.

물론 이런 미신을 정말로 믿을 필요는 없어요! 내가 운이 없는 것과 거울이 깨진 것도 아무런 관계가 없으니까요. 흡혈귀는 상상 속의 존재일 뿐이고, 진실만을 말하는 거울도 세상에 존재하지 않는 동화 속 이야기일 뿐입니다.

 하지만 이렇게 거울이 신비한 힘이나 특별한 의미가 있는 물건으로 등장하는 이야기가 세계 여러 나라, 여러 시대에 걸쳐 많은 것을 보면, 옛날 사람들은 거울이 단순한 사물이 아니라 특별한 의미가 있는 물건이라고 생각했다는 것을 알 수 있어요. 아마도 옛날 사람들은 자신과 세상의 모습을 그대로 비춰주는 거울을 보고, 사람의 진실된 모습을 보여준다고 생각해서 이런 상상을 한 것이 아닐까요?

마술 거울, 투광경

▲ 미국 메트로폴리탄 미술관에 있는, 19세기 일본에서 만들어진 투광경. 거울에 반사된 빛으로 '아미타불'이라는 부처의 모습을 보여준다.

　매직터널은 거울로 변신하는 신기한 물건입니다. 옛 유물 중에서도 이렇게 변신하는 마술 거울이 있었다고 해요! 옛 중국에는 신기한 거울이 있었어요. 바로 '투광경(透光鏡)'이에요.

　지난 2022년, 미국 오하이오주(州) 신시내티 박물관 측은 박물관이 소장한 15~16세기 중국의 청동 거울이 투광경으로 확인됐다고 합니다. 이 거울은 겉으로 보기에는 평범한 청동거울처럼 보이지만, 햇빛이나 등불의 빛을 반사시키면 놀라운 일이 벌어져요. 빛이 벽에 비치면 거울 속에 숨겨진 그림이나 글자가 나타나는 거예요.

　오른쪽 사진을 보세요! 이 사진 가운데에 보이는 유물이 바로 투광경입니다. 왼쪽 아래의 전등이 투광경을 비추고 있어요. 전등 위쪽으로 투광경에 반사된 빛이 보이죠? 밝은 부분과 덜 밝은 부분이 그림처럼 보이는 것을 알 수 있어요.

 물론 진짜로 마법에 걸린 거울은 아니에요. 거울의 표면은 매끈해 보이지만, 아주 미세한 차이가 있어서 빛이 특별한 방식으로 반사되기 때문이에요. 그래서 반사된 빛에 밝고 어두운 정도의 차이가 생기고, 그림이 나타나지요. 이런 신비로운 거울은 왕궁이나 사원에서 신성한 의식에 사용되었어요.

 일본에도 비슷한 거울이 있어요. 에도시대 17세기에는 기독교인들이 박해를 받았는데, 그들은 믿음을 지키기 위해 특별한 거울을 사용했어요. 겉으로 보기엔 평범한 거울이지만, 빛을 비추면 예수님이나 십자가 그림이 나타났어요. 기독교를 믿는 것이 금지되었던 시대에 이 거울은 신앙을 몰래 간직할 수 있는 중요한 도구였다고 해요. 사람들은 이 거울을 '마법의 거울'이라는 의미로 '마경(魔鏡)'이라고 불렀대요.

거울, 부의 상징이 되다

 거울에는 신비로운 힘이나 종교적인 의미만 담긴 것이 아니었어요. 한때 거울은 부와 권력을 나타내는 상징이 되기도 했습니다. 누구나 쉽게 거울을 구할 수 있는 지금과 달리 아주 값비싼 물건이었기 때문이죠. 이를 대표하는 사례가 바로 프랑스 베르사유 궁전의 '거울의 방(La Galerie des Glaces)'이에요.

 '거울의 방'은 프랑스의 태양왕 루이 14세가 건설한 웅장한 회랑으로, 17세기 유럽에서 가장 호화로운 공간 중 하나였어요. 이곳에는 17개의 크고 아름다운 거울이 창문과 마주 보는 형태로 배치되어 있어요. 당시 유리는 매우 비싼 재료였고, 특히 거울을 만드는 기술은 이탈리아 베네치아의 장인들이 독점하고 있었어요. 하지만 루이 14세는 프랑스가 직접 거울을 제작할 수 있도록 베네치아 장인들을 프랑스로 데려와 제작하게 했어요. 이렇게 완성된 '거울의 방'은 부와 권력을 과시하는 공간이 되었죠.

 이 방은 단순한 장식용이 아니라 정치적으로도 중요한 의미가 있었어요. 외국 사절단이 베르사유 궁전에 방문하면, 이 화려한 공간을 지나면서 자연스럽게 프랑스 왕실의 위엄을 체감할 수 있도록 했어요. 1919년 제1차 세계대전이 끝난 후 독일과 연합국 사이의 '베르사유 조약'이 이곳에서 체결되었을 만큼, 역사의 중요한 무대가 되기도 했어요.

 이처럼 거울은 단순한 생활용품이 아니었습니다. 권력과 부, 그리고 국가의 위상을 보여주는 도구로도 사용되었어요.

▲ 윌리엄 오펜(William Orpen), 〈거울의 방에서의 평화 서명, 베르사유, 1919년 6월 28일〉, 1919. 제1차 세계대전이 끝난 후, 베르사유 궁전의 '거울의 방'에서 독일과 연합국 사이의 베르사유 조약을 맺는 모습을 담은 그림.

거울을 이용한 특수효과

▲ '페퍼의 유령'으로 특수효과를 내는 무대.

거울에 실제로 마법의 힘이 있는 것은 아니에요. 하지만 마법처럼 신기한 효과를 내기 위해 거울을 사용하거나, 거울을 예술의 소재로 사용하기도 했어요.

19세기 말과 20세기 초, 거울은 연극과 영화에서 특수효과로도 사용되었어요. 당시에는 컴퓨터 그래픽이 없었기 때문에, 물리적인 도구를 활용했죠. 그중 하나가 바로 '페퍼의 유령(Pepper's Ghost)'이었어요. 이 기술은 반투명한 거울에 사람이나 사물이 비치게 해서, 마치 허공에 유령이 나타난 것처럼 보이게 해주었죠. 이 기법은 영화와 연극 무대에서 관객들에게 새로운 경험을 선사했어요.

또 '왜상화법(anamorphosis)'이라는 기법도 있었어요. 이 기법은 특정한 각도에서 보거나, 혹은 특별하게 생긴 거울에 비추어서 볼 때에만 확인할 수 있도록 그림을 왜곡해서 그리는 방법입니다. 거울을 이용해 비뚤어진 형태의 그림이나 글씨를 평면에서 제대로 보기 위해서 특정한 각도에서만 볼 수 있도록 만든 것이었죠.

이처럼, 19~20세기 초에는 거울이 단순히 얼굴을 비추는 도구를 넘어서, 마술처럼 신비롭고 놀라운 효과를 만들어내는 중요한 도구로 사용되었답니다.

우리의 모습을 비춰주는 거울

　현대에는 옛날 사람들처럼 마법의 힘이라든가 하는 것을 믿는 사람은 거의 없습니다. 하지만 사람들이 사용하는 언어 속에는 옛날 사람들의 이런 생각의 흔적이 남아 있어요. '거울'이라는 말이 지금도 여기저기서 비유적인 의미를 담고 사용되고 있거든요.

　현대의 언어 속에서 거울은 여러 가지 의미를 담고 있어요. 예를 들어, "그 사람은 나의 거울 같은 존재야"라는 표현을 들어본 적 있나요? 이는 거울이 단순한 물건이 아니라, 자신을 비춰보는 대상이라는 의미를 담고 있어요.

　'귀감(龜鑑)'이라는 말을 들어보았나요? 다른 사람이 본받을 만한 훌륭한 본보기를 뜻해요. 행동이나 마음가짐이 훌륭한 사람을 보고 '그 사람은 남들의 귀감이야'라고 말하죠. 이 귀감이라는 단어 속에도 거울이 들어 있어요. 귀감의 '감(鑑)'이라는 한자가 바로 '거울'이라는 뜻이에요. 국어사전을 찾아보면 '거울로 삼아 본받을 만한 모범'이라는 뜻이라고 나옵니다.

　역사책 중에서 『자치통감』이라는 책이 있어요. 여기서 '통감'은 '모두를 비춰본다'는 의미인데, 이는 거울이 단순한 물건이 아니라, 세상을 비추고 통찰하는 힘을 가진 상징적인 존재로 여겨졌다는 걸 보여줘요. 역사는 거울처럼 현재의 모습을 비춰준다는 의미를 담고 싶었던 옛사람들의 생각이 표현된 제목이 아닐까요?

　이처럼 거울은 단순한 도구가 아니라, 신비로운 힘, 부, 예술, 그리고 깊은 의미를 가진 특별한 존재였어요.

동물은 거울 속 자기 모습을

사람은 거울에 여러 가지 의미를 담아 주술적으로도 사용하고, 부를 과시하기 위해서도 사용해왔어요. 그러면 동물들은 어떨까요? 동물도 거울을 보고 자기 자신을 알아볼 수 있을까요?

알아볼 수 있을까?

여러분은 거울을 보면 자신이라는 걸 바로 알 수 있지요? 얼굴을 찡그리거나 손을 흔들어보면 거울 속 모습도 똑같이 따라 하기 때문이에요.

과학자들은 거울을 이용해 동물들이 자기 자신을 알아볼 수 있는지 실험을 했어요. 예를 들어, 동물의 이마에 조그만 점을 몰래 찍어놓고 거울을 보여주었지요. 만약 동물이 거울 속 모습을 보고 자기 얼굴을 만지려 한다면, 거울 속이 '자신'이라는 걸 아는 것이고, 그냥 거울을 보거나 다른 동물로 착각하면 모르는 것이겠지요.

이 실험에서 침팬지, 돌고래, 코끼리, 까마귀, 일부 종의 원숭이 같은 동물들은 거울 속 모습을 보고 자기 자신이라는 걸 알아차렸어요. 이들은 거울을 보며 얼굴을 만지거나 입을 벌려 확인하기도 했지요. 하지만 개나 고양이, 새 같은 동물들은 거울을 보고도 자기 자신을 알지 못하고, 거울 속 모습을 다른 동물로 착각하는 경우가 많았어요.

그렇다면 왜 어떤 동물은 자기 모습을 알고, 어떤 동물은 모를까요? 과학자들은 동물의 지능과 자기 인식 능력이 관련이 있다고 생각해요. 거울 속 모습을 알아보는 동물들은 보통 문제를 해결하거나 도구를 사용하는 능력이 뛰어난 경우가 많지요.

거울 속 내 모습을 알아본다는 것은 '나는 누구일까?'를 생각할 수 있다는 뜻이에요. 사람에게는 아주 당연한 일이지만, 동물들에게는 신기한 능력이지요. 다음에 거울을 볼 때, '내가 거울을 보고 내 모습인 걸 알 수 있다는 게 얼마나 신기한 일일까?' 하고 한 번 더 생각해보세요!

HISTORY

호롱불에서

LED까지

조명 장치의 역사

매직터널은 불을 켜면 예쁜 조명 장치로 변신한다. 여러 가지 조명 장치는 어두운 불을 밝히고 사람들의 생활을 편리하게 만들어주었다. 나아가 실내의 분위기를 한층 더 밝고 따뜻하게 만들어주기도 한다. 우리 생활을 편리하게 해주는 조명 장치의 발전에 대해 알아보자.

글: 메이커스주니어 편집팀

옛날의 조명 장치

현대의 사람들은 전깃불로 어둠을 밝힙니다. 집 안에서 전등을 켜고, 길거리에서는 가로등의 불빛을 의지하죠. 우리는 전깃불 덕분에 어두운 밤에도 불편함 없이 생활할 수 있습니다. 전기가 없던 옛날 사람들은 어두운 밤을 어떻게 밝혔을까요?

아주 오랜 옛날, 어둠을 밝히는 방법은 불을 사용하는 것이었습니다. 연료를 태우면 빛과 열이 발생하는데, 이것이 '불'입니다. 이 과정은 바로 '연소'라는 화학 반응을 통해 이루어집니다. 연소란, 물질이 산소와 결합하여 에너지를 방출하는 과정으로, 그 에너지는 빛과 열의 형태로 나타납니다.

옛날 사람들은 여러 가지 방법으로 연료를 태워 빛을 얻었습니다. 대표적인 예로 촛불이 있습니다. 촛불은 주로 밀랍이나 동물 기름을 원료로 만들어졌으며, 불을 붙인 심지가 일정한 시간 동안 빛을 제공했습니다. 촛불은 간단하고 효율적이었지만, 일정 시간이 지나면 불이 꺼지기 때문에 자주 교체해야 했습니다.

그 외에도 호롱불(기름 램프)은 기름을 연료로 사용하여 불을 밝히는 조명 기구였습니다. 기름 램프는 작은 크기와 간편함 덕분에 실내에서 사용하기에 적합했습니다. 기름 램프의 원리는 기름을 담은 용기에 심지를 꽂고 불을 붙여서 빛을 얻는 것이었습니다.

인류는 불을 사용하면서 문명을 발전시켜왔습니다. 어둠을 밝힐 뿐만 아니라 음식을 익히고 추위를 견디며, 맹수로부터 자신을 보호했습니다. 불을 다루는 기술이 발전하면서 인간은 불을 안전하게 사용할 수 있는 방법들을 터득했고, 기술 발전의 기초가 되었습니다. 이를 통해 점차 복잡한 사회를 이룩할 수 있었습니다.

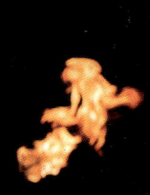

가스등, 19세기 거리를 밝히다

1800년대 초부터 유럽에서는 가스를 연료로 사용하는 가스등이 조명용으로 많이 사용되었어요. 가스등은 불이 붙는 가스를 태워서 빛을 내는 방식이었습니다. 처음에는 거리의 가로등에 쓰이다가, 점점 집 안의 조명 용도로도 가스등을 사용하게 되었죠.

　가스등을 쓰기 위해서는 가스를 공급하는 긴 가스관이 필요했습니다. 그래서 많은 도시에는 땅속에 긴 가스관이 설치되었고, 이 관을 통해 가로등과 각 가정에 가스가 보내졌답니다. 마치 오늘날 수도관이나 도시가스처럼 말이에요.

　가스등은 사람들이 밤을 더 길고 밝게 사용할 수 있게 해주었어요. 영국 런던이나 미국 뉴욕 같은 도시에서는 거리마다 가스등이 설치되어 밤에도 안전하게 길을 다닐 수 있게 되었습니다. 집 안에서도 촛불보다 훨씬 밝고 오래가는 불빛을 사용할 수 있었어요.

　하지만 가스등은 몇 가지 불편한 점이 있었어요. 가스등에 불을 켜고 끄는 일은 사람이 일일이 손으로 해야 해서, 매일 가로등을 관리하는 사람이 필요했답니다. 게다가 가스를 잘못 다루면 유독한 연기나 그을음이 나올 수도 있고, 가스가 폭발해서 큰 사고가 날 위험도 있었어요!

　과학자들은 좀 더 나은 조명을 만들어 이런 문제를 해결하기 위해 끊임없이 연구했어요. 그리고 마침내, 전기를 이용한 백열전구가 세상에 등장하게 된 거예요.

소설 속에 등장한 가스등

여러분은 『80일간의 세계 일주』를 읽어보았나요? 『80일간의 세계 일주』는 쥘 베른(Jules Verne, 1828~1905)이 1973년에 쓴 소설입니다. 19세기를 배경으로 한 이야기인데, 이때는 가스등이 많이 사용되던 시대이기도 하죠. 이 소설 속에는 가스등과 관련된 재미있는 장면이 등장해요.

주인공 필리어스 포그는 80일 안에 세계를 한 바퀴 도는 것이 가능한지를 두고 사람들과 내기를 합니다. 포그는 그것이 가능하다는 것을 몸소 증명하려고 하기 위해, 그의 하인인 파스파르투와 함께 여행을 떠난다는 것이 『80일간의 세계 일주』의 줄거리예요.

그런데 여행에 나서던 날, 파스파르투가 방에 켜져 있던 가스등을 끄는 것을 깜빡 잊은 거예요! 나중에야 이 사실을 깨달은 파스파르투는 걱정하며 포그에게 말하죠.

"아, 이런! 서두르느라 가스등을 끄는 걸 잊었어요!"

포그는 침착하게 대답했어요. "괜찮네. 하지만 그 가스 비용은 자네가 내는 거야."

세계 일주를 마치고 집에 돌아오고 나서야, 파스파르투는 이 가스등을 끌 수 있었습니다. 하지만 이미 가스회사로부터 가스 비용 청구서가 도착한 뒤였어요.

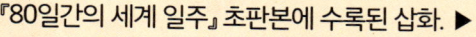
『80일간의 세계 일주』 초판본에 수록된 삽화. ▶

소설 속에서, 이 세계 일주 내기는 사람들 사이에서 큰 화제가 되었다고 나와요. 이야기 속에서만이 아니라 현실에서도 『80일간의 세계 일주』는 많은 사람에게 읽히며 크게 성공했답니다. 이 시기는 기차나 비행선 등 세계적으로 교통수단이 한창 발달하던 시대였기 때문에, '세계 일주'는 굉장히 흥미로운 이야기였거든요. 그런데 포그 씨는 과연 내기에서 이겼을까요?

백열전구의 발명

연료를 태워서 빛을 얻던 시대를 지나, 드디어 토머스 에디슨이 백열전구를 발명하게 되었습니다. 이 전구의 발명은 인류 역사에서 매우 중요한 전환점이 되었습니다. 전구가 발명되기 전에는 연료를 태워서 빛을 얻었지만, 백열전구는 전기를 이용해 지속적으로 빛을 제공할 수 있는 혁신적인 방법이었습니다.

백열전구의 원리는 간단합니다. 전구에 전류가 흐르면 전구 내부에 있는 필라멘트의 온도가 올라갑니다. 모든 물질은 온도가 아주 높아지면 빛을 내게 되는데, 필라멘트도 온도가 어느 정도 이상으로 올라가면 빛을 내는 것입니다. 이 과정을 통해 에디슨은 전기를 이용하여 지속적으로 빛을 낼 수 있는 새로운 방법을 개발한 것입니다.

　백열전구를 발명한 이후, 전구는 빠르게 가정과 상업 공간에 보급되었습니다. 사람들은 전구 덕분에 밤에도 편리하게 활동할 수 있게 되었고, 이는 생산성 향상과 생활의 질 향상에 큰 영향을 미쳤습니다. 특히, 공장과 같은 산업 공간에서는 백열전구 덕분에 야간에도 작업을 계속할 수 있어 경제적 활동에 중요한 변화를 불러왔습니다. 전구가 보급되면서, 사람들은 밤에도 책을 읽거나 집 안을 정리하는 등 다양한 활동을 할 수 있게 되었고, 이는 사람들의 삶의 방식에 큰 영향을 미쳤습니다.

　백열전구의 발명은 단순한 조명의 발명이 아니었습니다. 그것은 전기라는 새로운 에너지원이 일상생활에 어떻게 활용될 수 있는지를 보여준 중요한 사례였습니다. 백열전구는 전기 기술의 발전을 이끌었고, 이후의 조명 기술 발전에 큰 영향을 미쳤습니다. 또한, 에디슨의 발명은 현대 사회에서 필수적인 전기와 조명 기술의 기초를 마련한 중요한 혁신으로, 오늘날까지도 그 영향력을 이어가고 있습니다.

토머스 에디슨과 백열전구

토머스 에디슨(Thomas Edison, 1847~1931)은 백열전구를 만든 유명한 발명가예요. 사실 에디슨보다 먼저 비슷한 전구를 만든 사람은 있었습니다. 그런데 왜 많은 사람이 에디슨을 백열전구의 발명가로 손꼽을까요? 그 이유는 지금처럼 편리하게 전기를 쓸 수 있게 된 것에 에디슨의 기여가 그만큼 컸기 때문입니다.

에디슨은 사람들이 오래 쓸 수 있는 전구를 만들기 위해 1878년부터 실험을 시작했어요. 그는 전구 안에 들어가는 가느다란 실, 즉 필라멘트를 어떤 재료로 만들면 좋을지 알아보기 위해 수천 번이나 실험했어요. 처음에는 금속이나 탄소 같은 걸 썼지만, 잘 타거나 너무 비쌌어요.

그러다가 1879년에 일본산 대나무를 태워서 만든 탄소 필라멘트를 사용했더니, 전구가 40시간 넘게 꺼지지 않고 빛을 냈어요! 이 발견 덕분에 에디슨은 전구를 더 오래 쓸 수 있게 되었고, 전기를 적게 쓰면서도 밝은 빛을 낼 수 있게 되었죠. 물론 그 이후로도 에디스는 여러 가지 소재를 시험하며 필라멘트를 개량하는 일을 멈추지 않았습니다.

게다가 에디슨은 전구만 만든 게 아니에요. 전구에 불을 켜기 위해서는 먼저 전기를 생산하는 발전소도 있어야 할 것이고, 집집마다 전기를 보내기 위한 시설도 필요하겠죠? 에디슨은 사람들이 집이나 거리에서 전구를 쓸 수 있도록 발전소와 전선을 연결하는 전기 시스템도 함께 만들어 사업을 벌였습니다.

사실 위대한 발명, 발견은 단 한 사람의 노력만으로 이루어지지 않은 경우가 많습니다. 오히려 많은 사람의 노력이 쌓여 완성된 경우가 많습니다. 하지만 전구의 발명가로 누구보다 에디슨을 손꼽는 진짜 이유는, 에디슨에 의해 비로소 전구가 일상생활에서 사용하기 좋은 실용적인 발명품이 되었기 때문이라고 할 수 있습니다.

에디슨의 전구, 조선을 밝히다

▲ 조선시대 궁궐 중 하나인 창덕궁의 인정전 내부 모습. 20세기 초에 전구를 달았다. 사진에서 천장에 둥근 전구가 설치되어 있는 것을 확인할 수 있다.

우리나라에 처음으로 전등이 켜진 날은 언제였을까요? 바로 1887년 3월 6일, 지금으로부터 130년도 더 된 옛날이에요. 그리고 그 전등은 다름 아닌 에디슨의 회사에서 만든 백열전구였답니다! 에디슨이 탄소 필라멘트로 만든 백열전구가 세상에 나온 지 겨우 8년밖에 안 된 이른 시기였지요.

이때는 고종(1852~1919) 임금이 나라를 다스리던 때였습니다. 고종은 '보빙사'라는, 외국의 앞선 문물을 보고 배워 올 특별한 외교 사절단을 미국에 보냈어요. 그들은 미국에서 처음으로 환한 전깃불을 보고 너무나 놀랐어요. 우리나라에도 전기를 도입해야 한다고 생각했던 보빙사 일행은 전기에 대해 견학을 하고 돌아왔습니다.

고종은 미국 에디슨의 전기회사에서 발전기를 비롯한 여러 가지 전기 설비를 들여오기로 하고, 이 설비를 운영할 기술자까지 데려왔어요. 그리고 경복궁 안의 건청궁이라는 곳에 전등을 설치했습니다.

처음 전등을 켜던 날은 이런저런 소동도 벌어졌다고 해요. 발전기를 돌리기 위해서는 발전기의 뜨거운 열을 식힐 시원한 물이 필요했는데, 그 물로 궁궐 연못의 물을 사용했어요. 그때 연못물이 뜨거워지면서 연못 속 물고기들이 죽는 바람에, 불안해하는 사람들도 있었다고 해요! 천둥 같은 발전기 소리에 사람들이 놀라기도 했대요.

그날 이후로 궁궐 내 여러 건물은 물론, 우리나라 곳곳에도 전기가 들어오기 시작했어요. 궁궐에서 시작된 불빛은 점점 도시로, 마을로 퍼져 나가 지금처럼 밝고 편리한 생활이 가능해진 거예요. 전등이 처음 켜지던 그날은, 우리나라가 전기 시대에 들어선 역사적인 순간이었답니다!

백열전구를 대체한 형광등

　백열전구는 오랜 기간 사용되어왔지만, 에너지 효율이 낮다는 치명적인 단점을 가지고 있었습니다. 전기를 이용해 필라멘트를 가열하면서 빛을 내는 구조상 많은 에너지가 열로 낭비되며, 실제로 빛으로 전환되는 비율은 매우 낮았습니다. 이로 인해 전력 소비가 많고, 전기요금과 환경 부담도 컸습니다. 이러한 문제를 해결하기 위해 등장한 것이 바로 형광등입니다.

　형광등은 방전과 형광 물질의 발광 원리를 이용하여 빛을 냅니다. 내부에는 수은 증기와 아르곤 같은 비활성 가스가 들어 있으며, 전류가 흐르면 자외선이 발생하고, 이 자외선이 형광 물질에 부딪혀 가시광선으로 변환됩니다. 백열전구보다 훨씬 적은 전력으로 더 밝은 빛을 낼 수 있어 에너지 효율이 매우 높습니다. 또한 열 발생이 적고, 수명도 길어 유지 비용이 적게 드는 장점이 있습니다.

　물론 형광등도 단점은 있습니다. 점등 속도가 느리고, 수은을 포함하고 있어 폐기 시 환경 문제가 발생할 수 있습니다. 그럼에도 에너지 절약과 경제성을 중시하는 장소에서는 형광등이 백열등을 빠르게 대체하게 되었으며, 이후에는 더욱 효율적인 LED 조명이 등장하며 조명 기술은 한 단계 더 발전했습니다.

혁신적인 새 조명 장치, LED

　전통적인 조명 방식인 연료를 태우는 방식이나 백열전구는 많은 에너지를 사용하면서도 상당 부분이 열로 방출되어 비효율적인 경우가 많습니다. 불을 이용한 조명 장치는 연료가 연소하면서 빛과 함께 상당한 열을 발생시킵니다. 백열전구는 내부의 필라멘트가 뜨거워져야만 빛을 내기 때문에, 소비된 전기의 상당 부분이 열에너지로 낭비됩니다. 우리가 필요한 것은 빛인데, 백열전구는 한정된 에너지를 불필요한 열에너지도 함께 만들어내는 방식이기 때문에 에너지 효율이 낮습니다.

　반면, LED는 에너지를 빛으로 거의 100% 변환하는 방식이기 때문에 매우 효율적입니다. LED(발광 다이오드)는 전류가 흐를 때 반도체 물질에서 직접 빛을 방출하는 원리로 작동합니다. 이 과정에서 열이 거의 발생하지 않기 때

문에 불필요한 에너지 낭비가 없습니다. 즉, 동일한 밝기의 조명을 만들기 위해 LED는 훨씬 적은 전력을 소비합니다.

또한, LED는 에너지를 효율적으로 사용하기 때문에 수명이 길고 유지보수가 적게 필요합니다. 백열전구는 필라멘트가 지속적으로 가열되면서 점점 약해져서 쉽게 끊어지지만, LED는 이러한 문제가 없어 훨씬 오랜 시간 사용 가능합니다.

이처럼 LED는 기존 조명 방식보다 훨씬 적은 에너지 소비, 낮은 열 발생, 긴 수명 등의 장점을 가지고 있어, 오늘날 널리 사용되는 조명 기술로 자리 잡았습니다. LED 조명의 사용이 확대되면서 가정뿐만 아니라 가로등, 자동차 조명, 산업용 조명 등 다양한 분야에서도 활용되고 있으며, 친환경적인 조명으로서도 각광받고 있습니다.

다양한 LED의 쓰임

　LED는 열이 거의 발생하지 않는 특성 덕분에 다양한 분야에서 활용됩니다. 특히 디스플레이 분야에서 중요한 역할을 합니다. 백라이트(backlight)는 화면 뒤에서 빛을 비추어 디스플레이가 선명하게 보이도록 하는 역할을 하는데, 여기에 LED가 사용되고 있습니다. 기존의 백라이트는 발열이 크고 에너지 소비가 많다는 단점이 있었습니다. 하지만 LED는 열이 거의 발생하지 않으며, 에너지를 효율적으로 사용하기 때문에 점점 더 많이 사용되고 있습니다. 현재 우리가 사용하는 스마트폰, 태블릿, 노트북, TV 등 다양한 디스플레이 장치에서 LED 백라이트가 널리 활용됩니다.

OLED(유기 발광 다이오드) 같은 기술에서는 LED 자체가 화소 역할을 합니다. 이는 기존 LCD보다 더욱 선명한 색상과 깊은 명암비를 구현할 수 있는 기술입니다.

LED는 높은 에너지 효율, 낮은 발열, 긴 수명, 다양한 색상 등 여러 가지 장점이 있습니다. 그래서 가로등 조명, 대형 전광판, 자동차 디지털 계기판, 스마트워치, 의료기기 디스플레이 등 다양한 분야에서도 활용되고 있지요. 이처럼 LED는 단순한 조명 기구를 넘어, 디스플레이 기술의 핵심적인 요소로 자리 잡으며 다양한 산업에서 필수적인 기술로 활용되고 있습니다.

청색 LED의 발명과 노벨상

　1960년대 초반, LED 기술이 처음 등장했을 때는 반도체 재료의 한계로 인해 특정 색상의 빛만 낼 수 있었습니다. 처음 LED가 개발되었을 때는 빨간색뿐이었죠. 이후 주황색과 노란색 LED가 추가되었습니다. 하지만 오랫동안 청색 LED를 개발하는 것은 어려운 도전 과제로 남아 있었습니다. 다양한 색깔을 내려면 반드시 청색 빛을 낼 수 있는 LED가 필요했죠. 디지털 디스플레이는 빛의 삼원색인 빨간색(R), 초록색(G), 파란색(B) 세 가지 색을 조합하여 다양한 색상을 표현하거든요. 하지만 청색 LED가 없었기 때문에 완전한 RGB 색상 시스템을 구현하는 것이 불가능했습니다. 또한, 백색광을 만들기 위해서도 청색 LED가 필수적이었습니다.

　이처럼 중요한 청색 LED는 1990년대가 되어서야 일본의 과학자 아카사키 이사무(赤﨑勇), 아마노 히로시(天野浩), 나카무라 슈지(中村修二)가 개발에 성공했

습니다. 이들은 갈륨 질화물(GaN)이라는 새로운 반도체 소재를 활용하여 고효율의 청색 LED를 구현하는 데 성공하였고, 이를 바탕으로 현재의 LED 디스플레이와 LED 조명이 가능해졌습니다. 세 사람은 청색 LED 개발의 공로를 인정받아 2014년에 노벨상을 받았습니다.

 나카무라 슈지는 다른 노벨상 수상자들과는 다른 특별한 사연이 유명해요. 대부분 '노벨상을 받은 과학자' 하면 큰 연구소에 소속되어 연구를 하는 사람을 떠올리겠죠? 그런데 그는 한 중소기업에서 일하고 있었습니다. 주변에서는 그의 성공 가능성을 높게 보지 않는 사람이 많았다고 해요. 하지만 그는 포기하지 않고 수많은 시행착오 끝에 청색 LED 개발에 성공했습니다. 그의 도전 정신과 집념은 과학계뿐만 아니라 사회적으로도 큰 영향을 주었고, 결국 그는 노벨상까지 수상하며 역사에 남는 과학자가 되었습니다.

매직터널
조립법 및 사용법

물감이나 사인펜, 색연필 등으로 예쁘게 색칠해보세요!

주의사항

조립 전!
- 조립법, 사용법, 주의사항을 잘 읽은 후 조립하세요.
- 조립하면서 다치지 않도록 주의하세요.
- 작은 부품이 있습니다. 질식 등의 위험이 있으니 삼키지 않도록 주의하세요.
- 안전을 위해 사용법을 반드시 지켜주세요. 또 사용 중 변형된 제품은 사용하지 마세요.
- 부품은 잃어버리지 않도록 주의해주세요. 조립 도중 사용자에 의한 파손, 분실 등은 책임지지 않습니다.

조립 중!
- 부품에 무리하게 힘을 가하면 부러질 수 있습니다.

사용 중!
- 건전지의 +극, -극의 방향에 주의하세요.

조립 방법이나 부품 불량 등에 관한 문의는 makersmagazine@naver.com으로 메일 주시기 바랍니다.

구성부품

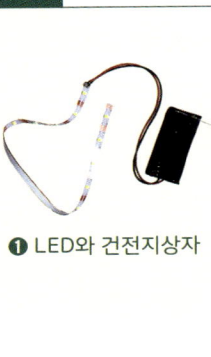
❶ LED와 건전지상자

❷ LED판

❸ 앞판

❹ 단면거울, 반투명판

❺ 양면테이프

❻ 옆판

❼ 뒤판

❽ 밑판

❾ 필통앞판

❿ 필통옆판

⓫ 위판

⓬ 걸개

준비물

⓭ 거울받침

⓮ 단면거울판

AAA건전지 2개

A LED 부착

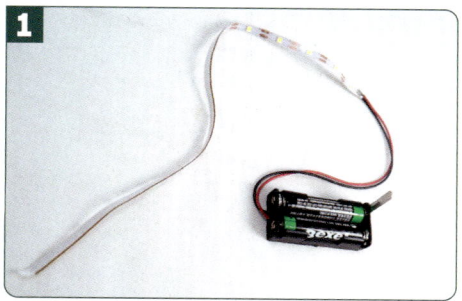

1

먼저 LED를 점검합니다.
건전지상자에 AAA 건전지를 끼우고, 스위치를 켜서 불이 잘 켜지는지 확인합니다. 이때, 건전지의 +극과 -극의 방향이 잘 맞도록 합니다.

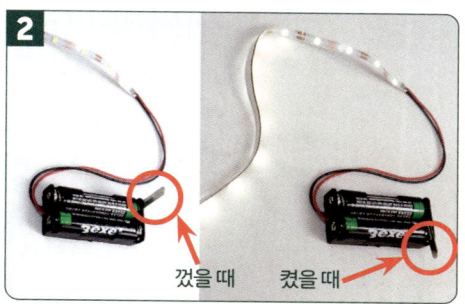

2

껐을 때   켰을 때

LED 뒷면의 보호종이를 떼어냅니다.
LED의 뒷면은 접착테이프로 되어 있습니다. LED판에 LED를 붙이기 위해, 보호종이를 떼어냅니다.

3

LED판 안쪽에 LED를 잘 붙입니다.
이때, LED판 안쪽에 동그랗게 파인 부분에 전선이 오도록 붙입니다.

B 반투명판 부착

1

반투명판, 앞판, 양면테이프를 준비합니다.
두 개의 플라스틱 판 중, 양면 모두 매끈한 것이 반투명판입니다. 한 면이 거친 단면거울과 헷갈리지 않도록 합니다.

2

앞판의 뒷면에 양면테이프를 붙입니다.
양면테이프를 앞판에 붙이고, 보호종이를 떼어냅니다.

3

한 면의 보호필름을 떼어냅니다.
반투명판은 양면 모두에 보호필름이 붙어 있습니다. 한쪽 보호필름만 먼저 떼어냅니다.

C 옆판 조립

옆판을 준비합니다. 그리고 앞서 조립한 LED판, 반투명판을 아래와 같이 조립합니다.

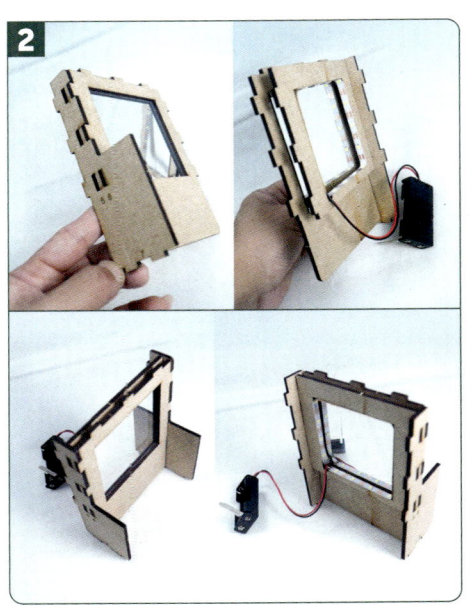

반투명판을 붙입니다.
보호필름을 떼어낸 쪽 면이 양면테이프를 붙인 면에 오도록 합니다. 반투명판이 가운데에 오도록 잘 맞춥니다.

나머지 보호필름을 마저 떼어냅니다.
남은 한쪽 면의 보호필름을 마저 떼어냅니다.

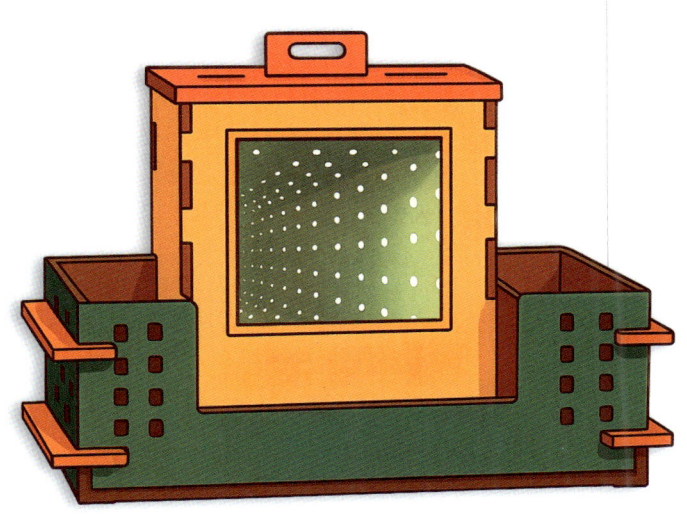

D 뒤판 및 밑판 조립

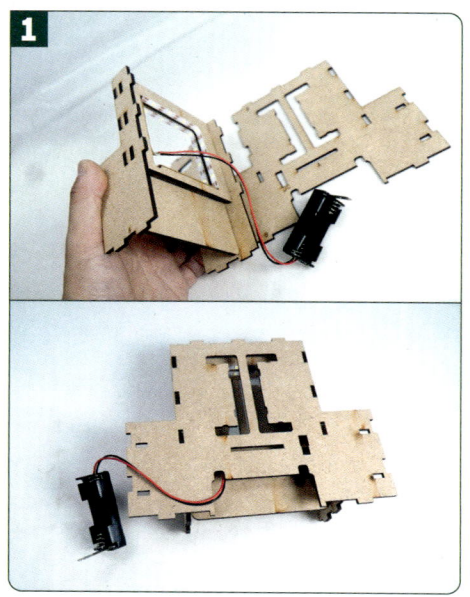

그림과 같이 뒤판을 조립합니다.
전선은 아래로 빠져나오도록 합니다.

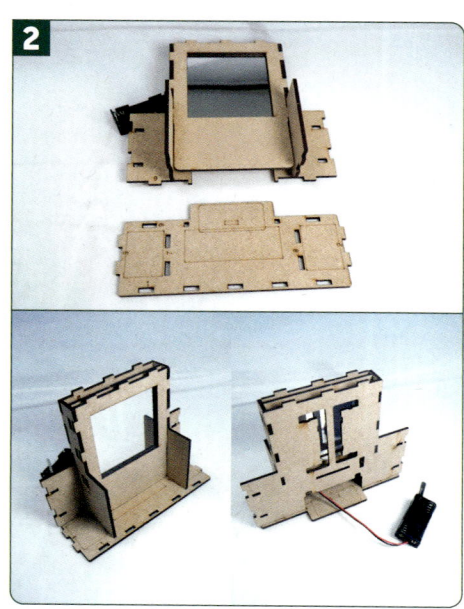

그림과 같이 밑판을 조립합니다.

E 위판 및 필통 조립

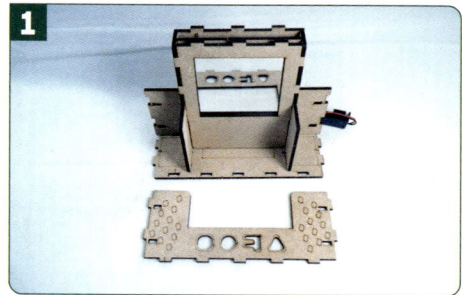

필통 부분을 조립합니다.
먼저, 필통앞판을 조립합니다.

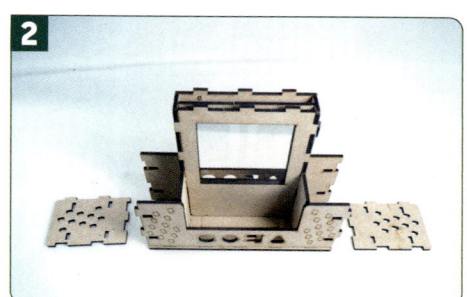

옆판을 조립합니다.

위판을 조립합니다.

F 단면거울판 조립

단면거울과 단면거울판을 준비합니다.

단면거울판에 양면테이프를 붙입니다.
양면테이프를 붙인 후, 앞에서와 마찬가지로 보호종이를 떼어냅니다.

파란색 거친 면이 양면테이프에 붙도록 합니다.
이 면에는 보호필름이 붙어 있지 않습니다.

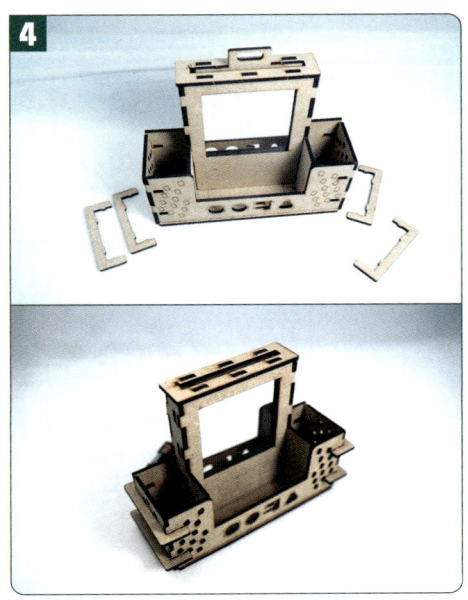

구멍에 맞추어, 걸개를 조립합니다.

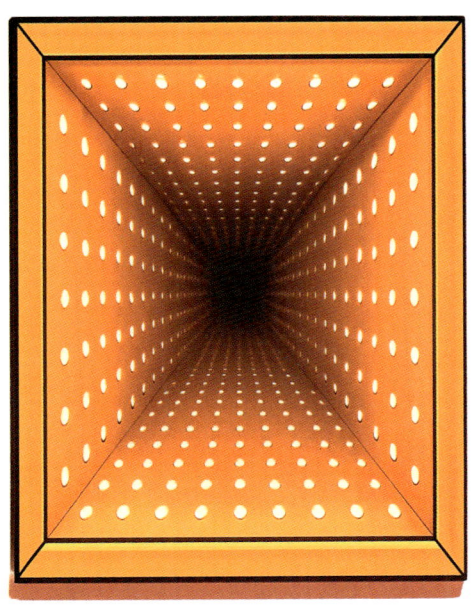

G 완성

4

보호필름을 떼어냅니다.

1

건전지상자는 사진과 같이 정리합니다.

5

뒷면에 거울받침을 끼우고, 위판을 통해 거울을 넣습니다.

2

아크릴 물감 등으로 예쁘게 색칠해보세요!
거울 면에 예쁜 그림을 붙여보세요!

QUIZ TIME!

1 만화경은 매직터널의 원리와 마찬가지로 빛의 (   ) 작용을 이용한 장난감입니다. 여러 번 빛이 반사되면서 마치 끝없는 공간에 규칙적인 무늬가 펼쳐져 있는 것처럼 보입니다.

8쪽을 보세요!

2 눈은 (   )을 감지할 수 있는 기관이에요. 무언가를 본다는 것은 (   )이 우리 눈에 들어오는 것입니다. 물체에 (   )이 닿으면 그 (   )이 반사되어 우리 눈으로 들어옵니다.

13쪽을 보세요!

3 빛이 물체에 부딪혀 반사될 때, 빛이 들어오는 각도와 반사되어 나가는 각도가 같습니다. 이 법칙을 (   )이라고 합니다.

15쪽을 보세요!

4 (   )은 가운데가 들어간 거울입니다. 이 거울을 가까이서 보면 얼굴이 커져 보이고, 멀리서 보면 거꾸로 보일 수도 있어요. 이런 성질을 이용해 자동차의 헤드라이트나 화장 거울을 만들기도 합니다.

18쪽을 보세요!

5 (   )은 가운데가 튀어나온 거울입니다. 이 거울을 보면 모습이 작게 보이고 넓은 범위를 볼 수 있어요. 도로에 있는 반사경이나 편의점의 천장 거울처럼 주위를 넓게 볼 수 있어야 하는 곳에 사용되지요.

18쪽을 보세요!

6 옛날 사람들은 (   )에 신비한 힘이 있다고 생각하곤 했어요. 신화나 동화, 전설 속에 등장하는 신비한 힘을 지닌 (   )은 바로 그러한 생각의 흔적들입니다.

28~29쪽을 보세요!

7 프랑스 (   ) 궁전의 '거울의 방'은 태양왕 루이 14세가 부와 권력을 과시하기 위해 건설한 웅장한 회랑입니다. 17세기 유럽에서 가장 호화로운 공간 중 하나였어요.

32~33쪽을 보세요!

8 인류는 ( )을 사용하여 어둠을 밝힐 뿐만 아니라 음식을 익히고 추위를 견디며, 맹수로부터 자신을 보호했습니다. 인류는 ( )을 사용하면서 문명을 발전시켜왔습니다.

42~43쪽을 보세요!

9 1800년대, 유럽에서는 가스를 연료로 사용하는 ( )이 조명으로 많이 사용되었습니다. 쥘 베른의 소설 『80일간의 세계 일주』에는, 등장인물 파스파르투가 이것을 끄는 것을 잊는 바람에 걱정하는 장면도 나온답니다.

46~47쪽을 보세요!

10 연료를 태워 빛을 얻던 시대가 지나고, 전기를 이용한 조명의 시대가 열렸습니다. 모든 물질은 온도가 아주 높아지면 빛을 내게 되는데, 이 원리를 이용한 것이 ( )입니다.

48~49쪽을 보세요!

11 백열전구는 흔히 ( )이 발명한 것으로 알려져 있지만, 그보다 앞서 비슷한 전구를 만든 사람은 있었습니다. 하지만 지금처럼 편리하게 사용할 수 있는 전구를 발명한 것은 ( )이었습니다.

50~51쪽을 보세요!

12 우리나라에 처음으로 백열전구가 들어온 것은 1887년, ( ) 임금이 나라를 다스리던 때였습니다. 이 전구는 다름 아닌 에디슨의 전기회사에서 들여온 전구였답니다.

53쪽을 보세요!

13 ( )는 열을 거의 내지 않으면서 빛을 내는 반도체입니다. 열에너지로 낭비되는 에너지가 거의 없어, 여러 분야에 널리 쓰이고 있죠. 청색 ( )를 발명한 과학자들은 2014년 노벨상을 받았는데, 나카무라 슈지는 중소기업에서 일하며 연구를 했던 사연으로 유명하답니다.

56~61쪽을 보세요!